# DAS GLÜCK EINES REICHEN MANNES

## Wundersame buddhistische Geschichten über Weisheiten des Lebens

SHIVA SINGH

ISBN Taschenbuch: 978-3-98591-003-8

Hindenburgstraße 26, Erlangen, 91054

Verkauf und Druck: Amazon Media EU S.á.r.l., 5 Rue Plaetis, L-2338, Luxembourg



Bibliografische Information der Deutschen Nationalbibliothek: Die Deutsche Nationalbibliothek verzeichnet diese Publikation in der Deutschen Nationalbibliografie; detaillierte bibliografische Daten sind im Internet über http://dnb.dnb.de abrufbar.

*„Der Zen-Geist bedeutet nicht nur Frieden und Verständnis, sondern auch Hingabe an die Kunst und die Arbeit, die reiche Entfaltung der Zufriedenheit, das Öffnen der Tür zur Einsicht, der Ausdruck der angeborenen Schönheit, der nicht greifbare Zauber der Unvollkommenheit. Zen hat viele Bedeutungen, von denen sich keine vollständig definieren lässt. Wenn sie definiert sind, sind sie nicht Zen."*

Zitat von Paul Reps in seinem Werk
Zen Flesh, Zen Bones

# Zen-Geschichten

| | |
|---|---|
| Die glücklichen Fische | 7 |
| Der Tunnel | 9 |
| Die betrügerischen Menschen | 13 |
| Das Glück eines reichen Mannes | 17 |
| Der verlorene Dieb | 21 |
| Der alte Bogenschütze | 25 |
| Perfektion des Lebens | 29 |
| Zehn Jahre Ausbildung | 33 |
| Die wahre Natur aller Phänomene ist die Leere | 37 |
| Das wahre Wesen des alten Mannes | 41 |
| Die drei Mönche | 45 |
| Das unüberwindbare Problem | 49 |
| Genieße auch den letzten Moment! | 53 |
| Fluss des Lebens | 57 |
| Himmel und Hölle | 61 |
| Die Jagd auf Wissen | 65 |
| Der Wandel der Dinge | 69 |
| Der Sinn eines Wassertropfens | 73 |
| Das Wesen des Zen | 77 |
| Sag Ja zum Leben! | 81 |
| Der unglückliche Steinmetz | 85 |
| Das Urteil der Stillen | 91 |

Wut ist mein Begleiter 95
Visitenkarte 99
Die andere Seite des Flusses 105
Der Fluss des Lebens 109
Der perfekte Kreis 113
Der traurige Krieger 117
Der heilige alte Mann 123
Der Teemeister 127

# Die glücklichen Fische

Eine Geschichte
über das Verstehen

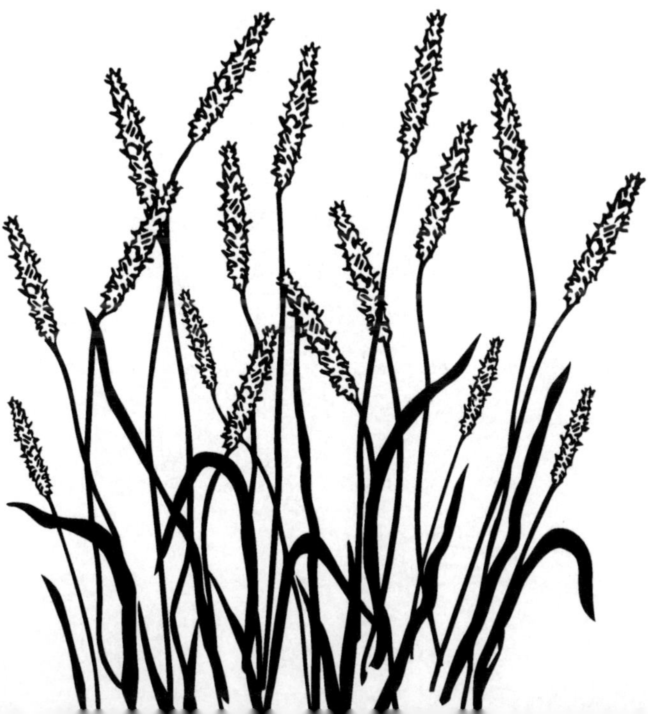

Chuang Tzu und sein Freund gingen am Ufer eines Flusses entlang, als sie innehielten, um für einen Moment das Wasser zu betrachten.

„Schau dir die Fische an, wie glücklich sie sind!“, bemerkte Chuang Tzu.

„Woher willst du das wissen?“, entgegnete sein Freund. „Du bist kein Fisch und weißt nicht, was Glück für sie bedeutet.“

„Und du bist nicht ich!“, sagt Chuang Tzu. „Wie kannst du also behaupten, dass ich nicht weiß, ob die Fische glücklich sind.“

*Wir neigen stets dazu vorschnell zu urteilen, zu bewerten und abzustempeln. Dabei vergessen wir häufig, dass die Sichtweisen und Standpunkte unserer Mitmenschen ebenso richtig sein können. Oft kann es von Nutzen sein, die andere Person tatsächlich zu hören, ihr ihre eigene Wahrheit zu gewähren, bevor wir sie durch falsche Schlussfolgerungen beschuldigen. Wir leben in einer Gesellschaft, in der es wichtig und notwendig ist, bestimmte Dispute und Diskurse zu führen, aber meist sind Stille und Akzeptanz der edlere Weg. Leid entsteht da, wo Wesen von ihrer Natur losgekoppelt leben, und so mag es Glück sein, das der Fisch im Wasser des Flusses empfindet.*

# Der Tunnel

Eine Geschichte über
das Vergeben

Zenkai, der Sohn eines Samurais reiste einst nach Edo, um dort Statthalter eines hohen Beamten zu werden. Es geschah, dass er sich in die Ehefrau des hohen Beamten verliebte und die beiden schließlich entdeckt wurden. Beim Versuch sich zu verteidigen, tötete er den hohen Beamten und entfloh mit der Witwe.

Auf der Flucht wurden sie zu Dieben, aber die dabei wachsende Gier, die er bei der Frau beobachtete, widerte ihn zusehends an. Als er sie endlich verließ, mache er sich auf eine lange Wanderschaft zu der Provinz Buzen, um dort ein Bettelmönch zu werden.

Um für die Missetaten seiner Vergangenheit zu büßen, beschloss Zenkai nun Gutes in seinem Leben zu vollbringen. Er wusste von einer gefährlichen Straße an einer steilen Schlucht, an der schon viele bei Unfällen schwer verletzt wurden oder tödlich verunglückt waren, und so entschied er dort einen Tunnel in den Felsen zu schlagen. So vergingen Jahre, während er tagsüber bettelte und nachts unermüdlich an dem Tunnel arbeitete.

Nach 30 Jahren war der Tunnel bereits 700 Meter lang, 6 Meter hoch und 9 Meter breit. 2 Jahre vor der Fertigstellung des Tunnels fand ihn schließlich der Sohn des hohen Beamten, den er vor so vielen Jahren getötet hatte. Der Sohn war ein großer Schwertmeister und hatte Zenkai all die Jahre gesucht, um für den Tod seines Vaters Vergeltung zu üben.

„Gerne gebe ich dir mein Leben", sagte Zenkai. „Lass mich nur mein Werk beenden. An dem Tag, an dem der Tunnel fertig ist, sollst du deine Rache haben."

So wartete der Sohn des hohen Beamten auf diesen einen Tag. Monate gingen ins Land und noch immer grub Zenkai an dem Tunnel. Das Nichtstun und Warten machte dem großen Schwertmeister zu schaffen und so begann er eines Tages Zenkai beim Graben zu helfen. Nachdem er bereits ein Jahr bei der Arbeit geholfen hatte, begann er Zenkais starken Willen und sein Wesen zu bewundern. Letztlich wurde der Tunnel doch fertiggestellt und die Menschen konnten nun sicher reisen.

„Meine Aufgabe ist vollbracht", sagte Zenkai. „So nehme nun mein Leben."

„Wie könnte ich das Schwert gegen meinen eigenen Lehrmeister führen?", entgegnete der junge Mann mit Tränen in den Augen.

*Diese Geschichte ist ein Lehrstück dafür, dass alles stets im Wandel ist und nur der Moment existiert. Nie ist es zu spät dafür sich selbst zu verbessern oder unserem Gegenüber Raum zur Verbesserung zu geben, denn das Wesen der Dinge ist Veränderlichkeit.*

*Wenn wir uns unseren festen Bildern und Annahmen von Menschen hingeben, berauben wir uns selbst der Fähigkeit wahrlich zu sehen und sie der Möglichkeit zur Veränderung.*

*Hass führt zu mehr Hass, Gewalt führt zu mehr Gewalt, aber eine Person kann es vollbringen, diesen Zyklus zu durchbrechen, indem sie sich von alten Annahmen befreit und das Gegenüber – abseits von Konstrukten wie Vergangenheit und Zukunft – in dem Moment so sieht, wie es tatsächlich ist. Nie ist es zu spät eine Idee aufzugeben, in der wir uns lange Jahre fälschlicherweise eingerichtet haben. Wir werden unfrei, wenn wir es niederen Gefühlen wie Rachsucht oder Gier erlauben, uns wie ein Bulle am Nasenring durch das Leben zu ziehen, und es bedarf Mut und Kraft den eingeschlagenen Pfad zu verlassen, anstatt aus Gewohnheit weiter auf ihm zu wandeln.*

# Die betrügerischen Menschen

Eine Geschichte über Vorurteile

Einmal ist jemand in einen neuen Ort gezogen. Er fragte sich, ob ihm seine neue Heimat wohl gefallen würde, und so ging er zum Zen-Meister des Ortes, um ihn um Rat zu fragen: „Denkst du, dass ich diesen neuen Ort mögen werde? Sind die Menschen hier freundlich?“

„Wie waren die Menschen an dem Ort, von dem du kommst“, fragte ihn der Zen-Meister.

„Sie waren böse, wütend und gierig. Sie betrogen und stahlen, wann immer sie konnten“, antwortete der Zugezogene.

„Genau so sind auch die Menschen, die du an diesem Ort vorfinden wirst“, sprach der Zen-Meister.

Ein anderer Neuankömmling des Ortes suchte den Zen-Meister ebenso auf, um ihm die gleiche Frage zu stellen, und wieder fragte der Meister ihn: „Wie waren die Menschen an dem Ort, von dem du kommst?“

„Es waren respektvolle und fürsorgliche Menschen, die in Harmonie miteinander gelebt haben“, antwortete der Neuankömmling.

„Genau so sind auch die Menschen, die du an diesem Ort finden wirst“, sagte der Zen-Meister.

*Wir finden stets das, was wir suchen. Die Gründe und die Motivation unseres Handelns sind dabei wichtiger als das, was wir letztlich tun. Denn sie sind es, die unserer Suche ihre Gestalt geben und damit bedingen, was wir finden werden. Gleichzeitig zeigt die Geschichte auf, wie alles miteinander verbunden ist. Deine Umwelt ist ein Teil von dir. So wird derjenige, der erwartet böse und gierige Menschen vorzufinden, auch auf sie stoßen, während der, der respektvolle und fürsorgliche vorzufinden glaubt, ihnen auch begegnen wird. Vertraue deiner eigenen Gabe, unvoreingenommen und achtsam zu beobachten und wahrzunehmen, anstatt das Urteil einer anderen Person zu verlangen, welches nur für sie, aber nicht für dich Gültigkeit haben muss.*

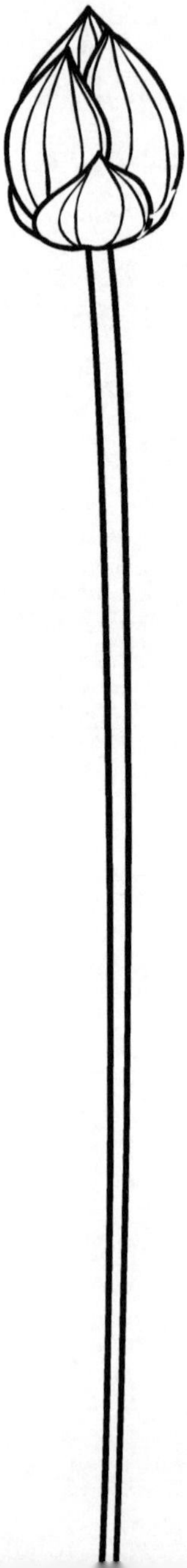

*„Vater stirbt, Sohn stirbt, Enkel stirbt."*

# Das Glück eines reichen Mannes

Eine Geschichte über Glück

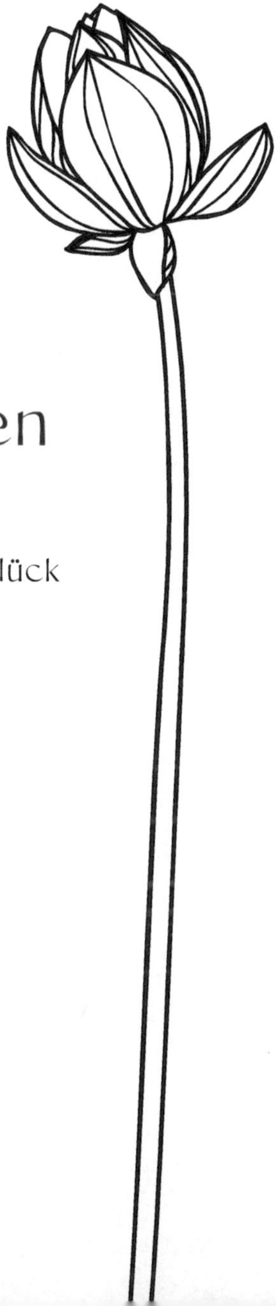

Ein reicher Mann fragte einst einen Zen-Meister, ob er für seine Familie etwas niederschreiben könne, das ihren Wohlstand in der Zukunft mehren würde. Es sollte etwas sein, dem sich all die Generationen seiner Familie immer wieder voller Glück zuwenden könnten. Der Zen-Meister nahm ein großes Papier zur Hand und schrieb: „Vater stirbt, Sohn stirbt, Enkel stirbt."

Der reiche Mann wurde wütend, als er sah, was der Meister geschrieben hatte.

„Ich forderte von dir etwas, das meiner Familie Glück und Wohlstand bedeuten würde. Wie wagst du es etwas so Schreckliches aufzuschreiben?"

„Wenn dein Sohn vor dir sterben sollte", entgegnete der Zen-Meister, „würde dies unerträglichen Kummer über deine Familie bringen. Wenn dein Enkel vor deinem Sohn sterben würde, würde dies ebenso großen Kummer über deine Familie bringen. Wenn jedoch deine Familie Generation für Generation in jener Reihenfolge erlischt, die ich niedergeschrieben habe, ist dies der natürliche Lauf der Dinge. Dies ist wahres Glück und wahrer Wohlstand."

*Es sind unsere Wünsche mit ihrer Forderung nach Erfüllung, die zu vielen Schwierigkeiten und Leiden in unserer menschlichen Existenz führen. Nur wenn wir uns frei von diesen fordernden Wünschen machen, die Anhaftung zum Objekt des Wunsches verlieren, dann können wir den Zustand langfristiger Enttäuschung überwinden. Denn auch wenn wir im Äußerlichen einen Quell des Glückes finden und unser Herz an ihn hängen, ist doch alles vergänglich, alles im Wandel und so wird auch dieser Quell wieder versiegen und uns erneut durstig zurücklassen.*

*Der Tod, die Vergänglichkeit allen Lebens und jedes Moments, ist untrennbar mit dem Leben verbunden. Es ist die Bewertung unseres Geistes, die den Tod in solch schreckliche Gewänder kleidet. Unsere Geisteshaltung zum Tod ist Teil jener großen Illusion, die von unserem Verstand erschaffen wird und die verhindert, dass wir das Wesen der Dinge erkennen. Nur wenn wir gegenüber dem Lauf der Dinge, dem Unvermeidbaren, Akzeptanz aufbringen können und aufhören zu wollen und zu wünschen, werden wir frei, um Leben und wahres Glück zu erfahren.*

*„Meine Brüder, ihr seid allesamt weise, wisst ihr doch den Unterschied zwischen richtig und falsch.*

# Der verlorene Dieb

Eine Geschichte über das Helfen

Die Meditationslehre des großen Meisters Bankeis zog Studenten aus ganz Japan an. Während eines der Seminare wurde ein Student beim Stehlen erwischt und Bankei wurde von dem Vorfall berichtet. Er entschied jedoch ihm keine Beachtung zu schenken. Ein paar Tage später geschah es erneut, dass derselbe Student beim Stehlen erwischt wurde. Der große Meister wurde informiert, ignorierte das Geschehen jedoch erneut. Dies sorgte für Aufruhr und Wut unter den anderen Studenten und sie kamen mit einer Petition zu Bankei, um die Entlassung des Studenten aus dem Kurs zu fordern. Falls Bankei dem nicht nachkommen werden sollte, würden sie allesamt den Kurs verlassen.

Bankei las die Forderungen der Petition durch und rief sie alle zu sich, um zu ihnen zu sprechen.

„Meine Brüder, ihr seid allesamt weise, wisst ihr doch den Unterschied zwischen richtig und falsch. Ihr alle möget gehen, um eurer Lehre anderswo nachzugehen. Dieser arme Bruder jedoch weiß nicht, was richtig und falsch ist. Wenn ich es ihm nicht beibringe, wer dann? Deshalb habe ich entschieden ihn nicht zu verweisen, auch wenn alle von euch gehen!“

Tränen liefen die Wangen des irrenden Studenten herab. Er spürte kein Verlangen mehr zu stehlen.

*Wir selbst hätten uns in dieser Situation wohl nicht anders verhalten. Wir hätten Sühne für den Irrenden gefordert und uns als Gemeinschaft von ihm abgewandt, wie auch die Schüler des Meisters es getan haben. Wenn wir es jedoch schaffen, unseren Blick über vorgefasste Meinungen und die gesellschaftlichen Mechanismen hinwegzusetzen, die aus unserer Erfahrung in einem solchen Vorfall greifen, sehen wir einfach einen Menschen, der vom rechten Pfad abgekommen ist. Wir sollten jenen Irrenden nicht so leichtfertig den Rücken zuwenden, ist unser Mitgefühl und Verständnis doch oft die letzte Brücke zurück. Natürlich ist es nicht einfach sich über gesellschaftlich Erlerntes hinwegzusetzen, doch sind wir gemeinsam in diesem Leben und jene, die solche Verbrechen begehen, sind oft diejenigen, die die grundlegenden spirituellen und menschlichen Prinzipien, wie Richtig und Falsch, nicht unterscheiden können.*

*Es wäre die leichte Entscheidung jene, die geirrt haben, einfach von uns zu weisen. Der andere Pfad jedoch erfordert mehr Kraft und Mitgefühl, aber auf ihm ist es möglich den Kreislauf zu durchbrechen, den die falsche Tat eingeleitet hat.*

*Es ist das erste der vier großen Gelübde im Zenbuddhismus allen empfindenden Wesen zu helfen und sie zu befreien, denn deine Umgebung ist ein Teil von dir.*

*Denjenigen, die einen ihnen lieben Menschen kennen, der vom rechten Pfad abgekommen ist, wird die Lektion leichter fallen, den Menschen hinter dem „Verbrecher" zu sehen. Ihr wisst, dass die Missetat nicht das ist, was jene Menschen tatsächlich ausmacht. Es liegt an uns den Unterschied zwischen Richtig und Falsch deutlich zu machen und ebenso, dass ein solches Handeln Konsequenzen trägt, aber wir brauchen vor allem Zeit, um diesen Unterschied zu lehren. Wir sollten danach streben uns und jene, die wir lieben, unabhängig von unseren Makeln emporzuheben und zu besseren Menschen zu machen.*

# Der alte Bogenschütze

Eine Geschichte
über das Selbst

Ein ausgezeichneter, doch eingebildeter junger Bogenschütze machte sich einst auf, um einen Zen-Meister herauszufordern, der für sein Geschick im Bogenschießen berühmt war. Die Treffsicherheit des jungen Herausforderers war außergewöhnlich. Sein erster Pfeil landete ohne Mühe genau in der Mitte der Zielscheibe und mit dem zweiten Pfeil spaltete er den ersten in zwei.

„Denkst du, dass du mithalten kannst?“, fragte er den Alten mit herablassendem Ton.

Anstatt zu antworteten, machte der Alte eine Geste, dass er ihm höher in die Berge folgen solle. Nach einigen Stunden der Wanderschaft kamen sie an eine tiefe Schlucht. Ein alter, schwankender Baumstamm überspannte die Schlucht von einer zur anderen Seite. Gleichmütig ging der Meister zur Mitte des Stammes, zielte auf einen weit entfernten Baum und schoss einen Pfeil, der genau in den Stamm des Baumes traf.

„Jetzt bist du an der Reihe“, sagte er ruhig, während er mit sicheren Schritten zurück zur Felskante ging.

Der Junge starrte in die klaffende Tiefe unter ihm und zitterte am ganzen Körper. Er war nicht in der

Lage auch nur einen Fuß auf den Stamm zu setzen, geschweige denn ein weit entferntes Ziel zu treffen.

Der Meister betrachtete ihn und sagte: „Du hast große Kontrolle über deinen Bogen, aber nur wenig über den Geist, der den Pfeil entlässt.“

*Unser Denken dreht sich ständig um Ehre, Status und Macht. Erst wenn wir es schaffen die Identifikation mit dieser Illusion, dem Ego, hinter uns zu lassen, können wir wahre Perfektion erlangen. Das Ziel unseres Strebens sollte nicht der Wettbewerb mit anderen Menschen sein, sondern die bestmögliche Version unseres Selbst zu werden. Unser Streben nach Ruhm und Anerkennung bringt unwiderruflich Leiden mit sich und führt uns vom rechten Pfad ab. Wir sollten im Stillen und voller Demut unser Ziel verfolgen und uns nicht von der falschen Identifikation mit unseren Fähigkeiten ablenken lassen.*

*Jedes unachtsame Wort, das nicht aus seiner höheren Motivation heraus gesprochen wird, ist vergeblich und unnütz. Wenn wir in der Lage sind uns nach innen zu wenden, ist jeder Moment die Ewigkeit und der Baumstamm über der tiefen Schlucht das Gleiche wie das sich im Wind wiegende Gras auf einer Lichtung.*

*„Wie schön es nun ist, oder?“*

# Perfektion des Lebens

Eine Geschichte über das Unperfekte

Eines Tages kam die Kunde, dass wichtige Gäste das Kloster besuchen würden. Sofort begann der Priester sich dem Garten zuzuwenden. Er jätete Unkraut, schnitt die Bäume und Sträucher und kämmte sogar das Moos. Es war Herbst und so war der Boden unordentlich und voller trockener Blätter, die der Priester sorgfältig zu ordentlichen Haufen zusammenkehrte.

All dies geschah, während ein alter Mönch ihm von der anderen Seite des Gartens zusah. Der Priester beendete seine Herzensangelegenheit und lächelte zufrieden. „Wie schön es nun ist, oder?", fragte er, während er sich zum Mönch wandte.

„Das ist es", antwortete der Mönch, „aber eine Sache ist noch nicht in Ordnung. Hilf mir über die Mauer zu kommen und ich will es für dich erledigen."

Verdutzt gehorchte der Priester. Langsam ging der alte Mönch zu einem Baum, der in der Mitte des Hofes stand, packte seinen Stamm und schüttelte ihn kräftig, so dass orangene und rostbraune Blätter hinabwirbelten. „So ist es besser! Kannst du mir zurück über die Mauer helfen?"

*Perfektion kann je nach Betrachter in unterschiedlichen Erscheinungen daherkommen. Perfektion muss nicht sauber sein. Perfektion ist, Fehler und Kanten von sich selbst, sein wahres Ich, zu zeigen. Sobald der Priester vernimmt, dass wichtiger Besuch erwartet wird, erwacht sein Ego und er bemüht sich um ein gutes Erscheinungsbild des Klosters außerhalb des Alltäglichen. Stattdessen sollte der Priester sich frei von dieser Identifikation mit dem Äußeren machen, weiter seinem Weg folgen und die innere Versenkung üben. Dies ist die einzig wahre Möglichkeit jemandem Respekt und Anerkennung zu zollen; indem man vor ihm die bestmögliche Version seiner selbst ist. Wenn es uns gelingt in den Lauf der Dinge einzutauchen, die uns umgebende Natur zu lesen und zu verstehen, dann werden wir begreifen, wann – unabhängig vom hohen Besuch – der richtige Zeitpunkt ist, um uns den gefallenen Blättern zuzuwenden. Alles im Leben hat seinen Augenblick, aber verschwenden wir nicht unsere Achtsamkeit, Arbeit und Gedanken an ihn, bevor er nicht gekommen ist.*

*„Hast du deine Sandalen und deinen Regenschirm auf der Veranda gelassen?*

# Zehn Jahre Ausbildung

Eine Geschichte über
das Meistern einer Kunst

Nach zehn Jahren der Ausbildung erlangte ein Mönch den Rang eines Zen-Lehrers. Eines regnerischen Tages nach seinem Aufstieg machte er sich auf den Weg, um seinen alten Zen-Meister zu besuchen.

Als er das Haus betrat, begrüßte der Alte ihn mit einer Frage: „Hast du deine Sandalen und deinen Regenschirm auf der Veranda gelassen?"

„Ja", antwortete der Lehrer.

„Nun sage mir", fuhr der Meister fort, „hast du deinen Regenschirm links oder rechts deiner Sandalen niedergelegt?"

Dem Lehrer wurde bewusst, dass er die Antwort nicht wusste und dass er trotz seines neuen Ranges noch keine gänzliche Achtsamkeit erlangt hat. So blieb er und lernte für weitere zehn Jahre von dem Meister.

*Es kommt nicht darauf an, wie viel Zeit wir in etwas „investieren", sondern darauf, wie achtsam wir dabei sind und wie sehr wir uns von der Übung durchdringen lassen. Wäre der Zen-Lehrer vollkommen achtsam gewesen, hätte er eine Antwort auf die Frage des Zen-Meisters gehabt. Ränge, Titel und dergleichen sind letztlich unwichtig und müssen nichts über das Wesen der Dinge zu erzählen wissen. Der*

*Zen-Lehrer handelt edel, wenn er nach dem nicht bestandenen Test seine Identifikation mit dem neuen Rang unterbindet und sich der Weisheit seines Lehrers fügt.*

*„Der Geist, Buddha, die empfindsamen Wesen, dies alles existiert letzten Endes nicht."*

# Die wahre Natur aller Phänomene ist die Leere

## Eine Geschichte über das Wissen

Ein junger Student des Zens namens Yamaoka Tesshu besuchte einen Meister nach dem anderen. Eines Tages wurde er bei Dokuon von Shokoku vorstellig.

Erpicht darauf, die Verinnerlichung der Lehre zu zeigen, sagte er: „Der Geist, Buddha, die empfindsamen Wesen, dies alles existiert letzten Endes nicht. Die wahre Natur aller Phänomene ist Leere. Es gibt keine Erleuchtung, keine Täuschung, keine Mittelmäßigkeit. Es gibt kein Geben, wie auch nichts erhalten werden kann."

Dokuon rauchte weiter ruhig seine lange Bambuspfeife und sagte nichts.

Plötzlich schlug er Yamaoka mit eben dieser Pfeife. Der Student sprang auf, schäumend vor Wut.

„Wenn nichts existiert", erkundigte sich Dokuon, „woher kam dann dein Zorn?"

*Der junge Student ist völlig von sich selbst und dem, was er weiß, eingenommen. Doch durch eine sehr einfache Geste widerlegt der Zen-Meister die hochtrabende Rede des Adepten als reines Lippenbekenntnis und straft ihn Lügen. Wir sollten uns der Grenzen unseres Wissens stets bewusst sein, anstatt unser Wissen für die Welt zu halten. Wer achtlos spricht, gerät ins Stocken, aber wer Fragen stellt, eröffnet sich neue Welten. Hüten wir uns vor zu viel Klugheit!*

*„Nur ein Narr oder ein Verrückter würde sein Leben riskieren, um diese teuflische, böse Kreatur zu retten."*

# Das wahre Wesen des alten Mannes

## Eine Geschichte über Prinzipien

Ein alter Mann, der am Fluss meditierte, öffnete seine Augen und sah, wie ein Skorpion hilflos im Wasser trieb. Das Spiel der Wellen und Wirbel trieb den Skorpion schließlich in die Nähe eines Baumes, der am Ufer wuchs. Der Alte hielt sich an einer der Wurzeln fest, die weit in den Fluss hineinwuchsen, und streckte seine Hand aus, um dem Geschöpf zu helfen. Just in dem Moment, als seine Finger den Skorpion berührten, stach dieser zu.

Aus einem Instinkt heraus zog der Alte seine Hand zurück. Einen Moment später jedoch fand er sein Gleichgewicht wieder und streckte sich erneut, um den Skorpion zu retten. Dieses Mal stach ihn der Skorpion noch stärker. So lag der Alte dort in größter Qual, mit einer blutenden und geschwollenen Hand.

Ein Reisender, der des Weges kam, beobachtete das ganze Geschehen. „Was ist verkehrt mit dir? Nur ein Narr oder ein Verrückter würde sein Leben riskieren, um diese teuflische, böse Kreatur zu retten. Verstehst du denn nicht, dass du bei dem Versuch hättest sterben können?“

Der Alte lag noch immer da, wandte sein Gesicht dem Reisenden zu und blickte ihn ruhig an: „Mein lieber Bruder, es ist die Natur des Skorpions zu stechen. Das heißt aber nicht, dass ich meine Natur zu retten verändern kann."

So verhielten sich beide ihrer Natur entsprechend.

*Verändere dein Wesen nicht den Umständen entsprechend, sondern bleibe ihm treu. Auch wenn du dich in Situationen befindest, wo diese Treue dir Nachteile verschaffen wird. Oft begegnet man im Leben Menschen, die andere Prinzipien haben und diese auch auf dich aufzwingen wollen. Hier sollte man zu sich und seinen Idealen stehen und akzeptieren, wie der andere ist.*

*Wenn sich etwas seiner Natur entsprechend verhält, so kann dies nicht „teuflisch und böse" sein, wie es der Reisende benennt. Würden wir einen Sturm, der unser Haus zerstört, als teuflisch und böse bezeichnen? Er verhält sich seiner Natur entsprechend und Akzeptanz für das Wesen der Dinge ist das Einzige, was wir ihnen entgegensetzen können. Erst wenn wir beginnen zu den Dingen und Geschehnissen Ja zu sagen, können wir wahren inneren Frieden erreichen.*

*„Ich habe meine Matte vergessen."*

# Die drei Mönche

Eine Geschichte über Wahrnehmung

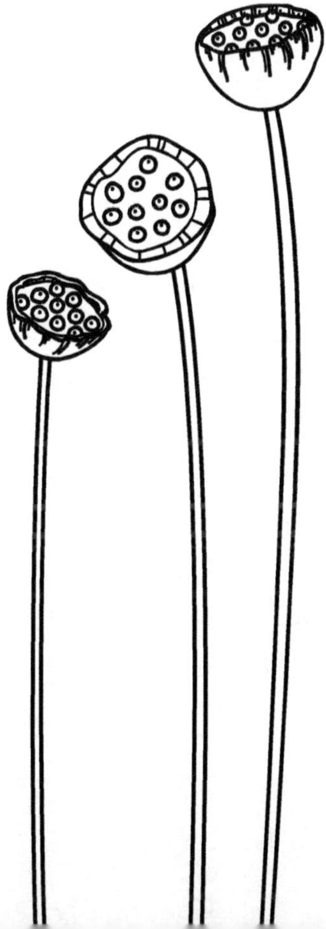

Drei Mönche saßen an einem See in tiefer Versenkung.

Einer stand sodann auf und sagte: „Ich habe meine Matte vergessen.“ Er trat auf das Wasser des Sees und gelangte so Schritt für Schritt zur anderen Seite, wo ihre kleine Hütte stand.

Als er zurückkam, bemerkte der zweite Mönch: „Mir ist gerade aufgefallen, dass ich meine nasse Wäsche nicht aufgehangen habe.“ So ging auch er ruhigen Schrittes über den See zum anderen Ufer und kam nach einiger Zeit den gleichen Weg zurück.

Der dritte Mönch beobachtete sie währenddessen unverwandt. Schließlich glaubte er zu wissen, dass es sich um eine Prüfung seiner eigenen Fähigkeiten handelte, und er verlautbarte: „Ihr denkt also, dass eure Fähigkeiten meinen überlegen wären? Schaut her!“ Dann ging er selbstsicheren Schrittes zum Rande des Sees, setzte einen Schritt weit ins Wasser hinaus und sank bis zur Hüfte in das Gewässer.

Davon unbeeindruckt, watete er hinaus und versuchte es erneut und immer wieder, ohne dass sich ein Fortschritt andeutete. Nachdem die beiden anderen Mönche dem Schauspiel für einige Zeit in Stille zugeschaut hatten, fragte der eine den anderen: „Denkst du, wir sollten ihm sagen, wo die Trittsteine sind?"

*Viel Leid entsteht daraus, dass unser Ego sich angegriffen und herausgefordert fühlt. Indem wir analysieren, deuten und zu falschen Schlussfolgerungen kommen, werden wir oft blind für das wahre Wesen der Dinge und geben uns der leidschaffenden Illusion hin. Wir tragen Kämpfe dort aus, wo keine sind, kämpfen sprichwörtlich gegen Windmühlen und lassen uns aus unserer Achtsamkeit gegenüber dem Moment herausreißen. Niemals dürfen wir uns gestatten den äußeren Schein für die Wirklichkeit zu halten. Scheuen wir uns nicht davor um Hilfe und Rat zu bitten, anstatt immer wieder sinnlos zu scheitern. Oft ist es unser Geist, der unsere Fähigkeiten begrenzt, aber es wäre töricht, die Grenzen unserer Umwelt zu ignorieren.*

*„Für diesen hier macht es einen Unterschied“*

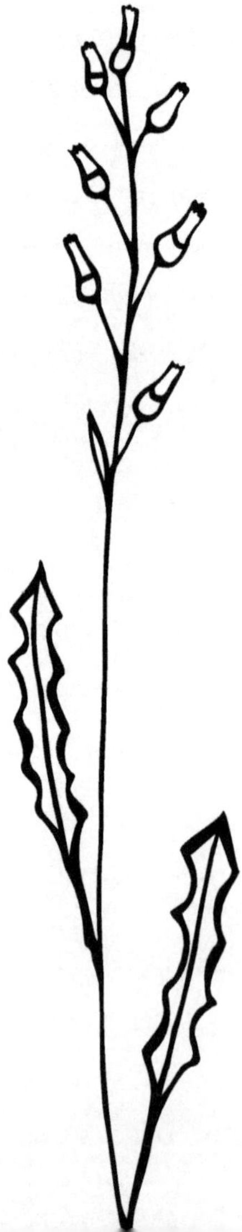

# Das unüberwindbare Problem

## Eine Geschichte über Aufgeben

Zen-Meister Ryokan ging entlang des Strandes, der erst vor Kurzem von einem Sturm überspült worden war. Hunderte von Seesternen, von der Flut ans Land gespült, begannen langsam im hellen Sonnenlicht zu verenden.

Ryokan sammelte einen Seestern nach dem nächsten auf und warf ihn zurück ins Meer.

Ein Fischer, der Ryokan bei seiner Arbeit betrachtet hatte, kam auf ihn zu und fragte: „Warum tust du dir das an? Dies passiert, wann immer ein Sturm auf die Küste trifft. Du kannst sie nicht alle retten, was macht dein Versuch also letztlich für einen Unterschied?“

„Für diesen hier macht es einen Unterschied“, entgegnete der Zen-Meister, als er einen weiteren Seestern zurück ins rettende Nass schleuderte.

*Wenn wir uns all das vermeidbare Elend auf der Welt anschauen, dann fühlen wir uns schnell ohnmächtig und neigen am Ende vielleicht angesichts der überwältigenden Größe des Problems dazu, gar nichts zu unternehmen. Ebenso wirkt die Besteigung eines hohen Gipfels unmöglich, wenn wir vor seiner ganzen Größe stehen. Wenn wir jedoch jeweils nur an den nächsten Schritt denken, dann nehmen wir der Aufgabe ihren Schrecken und ihre Unüberwindbarkeit und stel-*

*len fest, dass wir gute Fortschritte machen. Denn jede noch so kleine Tat scheint zwar bedeutungslos, allerdings hat sie immer eine Auswirkung.*

*Dieser Illusion ist auch der Fischer erlegen, der mit Unverständnis auf Ryokans Hilfe reagiert. Er vergisst dabei aber sehr wohl, dass die gute Tat doch einen Unterschied für jeden geretteten Seestern macht. Er will lieber nichts tun, weil ihm das Problem zu groß erscheint. Allerdings übersieht er dabei, dass jede Kleinigkeit, die die Welt besser macht, eben die Welt besser macht und die Tat Ryokans dem Seestern eine große Hilfe war. In Bezug auf Menschen wird sich außerdem der wunderbare Effekt einstellen, dass eine gute Tat mit edler Absicht einer Sternschnuppe gleicht, deren Schweif auch in dem Leben vieler anderer Menschen in Erscheinung treten wird und eine Spur hinterlässt.*

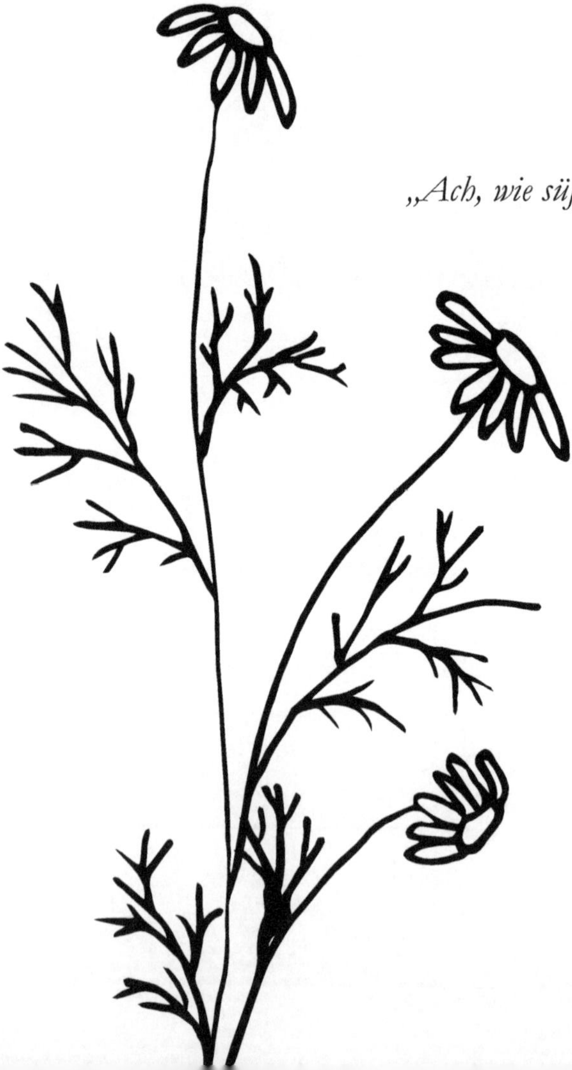

*„Ach, wie süß sie war!“*

# Genieße auch den letzten Moment!

Eine Geschichte über Dankbarkeit

Ein Mann ging über ein Feld, als er aus dem Augenwinkel einen Tiger erblickte. Von Todesangst erfüllt rannte er davon, doch der Tiger nahm die Jagd auf. Der Mann erreichte schließlich eine steile Klippe und als er schon dachte, dass der Tiger ihn nun fressen würde, entdeckte er eine Ranke, die an der Klippe hinunterwuchs. Er fasste sie mit beiden Händen und schwang sich in Sicherheit.

Der Tiger, nun über ihm, knurrte und pirschte entlang der Klippe hin und her. Während der Mann in dieser unsicheren Situation verharrte, entdeckte er einen anderen Tiger, der einige Meter unter ihm am Fuße der Klippe knurrte und heraufstarrte. Zitternd umfasste er die Ranke noch fester, die allein verhinderte, dass er das Abendessen der Tiger wurde. Er fragte sich, ob es etwas Schlimmeres geben könnte.

Da entdeckte er über sich zwei Mäuse, die aus seiner Felsspalte hervorkamen und begannen an der Ranke zu nagen. Während sie nagten und der Mann sein Leben an sich vorbeiziehen sah, entdeckte er eine riesige, saftige Erdbeere, die auf einem kleinen Felsvorsprung neben ihm wuchs. Mit der einen Hand hielt er sich an der Ranke fest, während er mit der anderen die reife, prächtige Frucht pflückte. Ach, wie süß sie war!

*Die Pfade, auf denen unser Leben verläuft, sind oft unergründlich. Es hat wenig Sinn, Momente in Relation zueinander zu bewerten, sich in der Hoffnung auf Veränderung zu suhlen oder sich von der Furcht blenden zu lassen, dass es noch schlimmer kommen könnte. Oft zieht das, was wir als „Leben" erachten, an uns vorbei, während wir uns in Sorgen über Vergangenheit und Zukunft verfangen. Schließlich existiert jeder Augenblick nur für sich und jeden Augenblick in seiner Gänze und für sich wahrzunehmen, zu leben oder wie in dieser Geschichte sogar zu genießen, ist das Einzige, was wir tun können. Finden wir auch unter Widrigkeiten zur Erlösung. Machen wir die Gegenwart, die Erdbeere, zum Tempel unseres Lebens.*

*„Dein Name ist ‚Große Woge"*

# Fluss des Lebens

Eine Geschichte über den Gegner
in uns selbst

Vor langer Zeit lebte ein berühmter Ringkämpfer, dessen Name „Große Woge“ bedeutete. Er war außergewöhnlich stark und beherrschte die Kunst des Ringens. In Übungskämpfen obsiegte er sogar gegen seine Lehrer, während er bei offiziellen Wettkämpfen so unsicher und schüchtern war, dass auch seine Schüler ihn zu Boden warfen.

Davon bekümmert, beschloss er einen Zen-Tempel zu besuchen, um dort nach Rat zu fragen. Ein weiser Lehrer, der dort lebte, gab ihm folgenden Rat:

„Dein Name ist ‚Große Woge‘“, sagte der Lehrer. „Verbringe also die Nacht in unserem Tempel und versuche dir vorzustellen, dass du Wasser bist. Nicht mehr länger bist du der Ringkämpfer, der vor Angst zittert. Du bist jene ‚Große Woge‘, die alles bis zum Horizont überspült. Folge meinem Rat und du wirst nie wieder unterliegen.“

Der Lehrer ging daraufhin und ließ den Kämpfer allein zurück. Dieser saß still und versuchte sich als Wasser vorzustellen. Immer wieder begann sein Geist von seiner Aufgabe abzuschweifen, aber schon bald gelang es ihm ein immer stärkeres Gefühl für das Wasser zu entwickeln. Während die Nacht voranschritt, hoben sich diese Wellen immer höher und mächtiger hinaus. Sie überspülten die Blumen des Tempels und erhoben sich kurz darauf über die Statuen des Innenhofes. Bevor der Morgen graute, war dort nichts mehr als das endlose Spiel der Gezeiten.

An jenem Morgen kam der Lehrer zum Tempel und fand den Ringkämpfer mit einem sanften Lächeln auf dem Gesicht in tiefer Meditation versunken.

Er berührte eine Schulter des Mannes und sagte: „Nun wird dich keine Unsicherheit mehr plagen. Du bist diese Urkraft und du wirst über alles hinwegwalzen, was vor dir liegt."

Noch am selben Tag nahm der Kämpfer an einem namhaften Turnier teil, gewann es und wurde seitdem nie wieder bezwungen.

*Manchmal sind die schwierigsten Gegner, denen wir gegenüberstehen, in uns selbst. Die für uns größten Herausforderungen entstehen meist in unserem Inneren. Es ist ein Irrglaube, dass wir jenes Selbstvertrauen, das für das Gelingen unseres Lebens unabdinglich ist, ausschließlich in einem Tempel, auf der Spitze eines Berges oder auf einer langen Hängebrücke finden. Es ist alles stets da. Unser Inneres kann sowohl ein Ort der größten Feindseligkeit gegen uns sein als auch ein Ort des Wohlseins. Wenn wir es schaffen uns von unseren inneren Dämonen und Haltestricken zu befreien, dann können wir voller Demut unser wahres Potential erreichen. Die Identifikation mit unserem Geist erlegt unserem Wesen ungeheure Beschränkungen auf. Stattdessen sollten wir wie jene Gezeiten sein und jegliche Anhaftung zu den Dingen verlieren. Wenn wir mit achtsamen, ungetrübten Augen in unser Inneres schauen, werden wir dort den Glauben an uns selbst finden, den wir so dringend brauchen.*

(

# Himmel und Hölle

## Eine Geschichte über die Lebenseinstellung

„Ich will Wissen über Himmel und Hölle erlangen“, sagte ein Samurai. „Existieren sie wirklich?“, fragte er Hakuin.

Hakuin starrte den Soldaten an und fragte: „Wer bist du?“

„Ich bin ein Samurai“, verkündete der stolze Krieger.

„Pah!“, entfuhr es Hakuin. „Wie kommst du darauf, dass du solch hohe Fragen verstehen könntest? Du bist nichts weiter als ein gefühlloser, grobschlächtiger Soldat. Zieh von dannen und verschwende nicht meine wertvolle Zeit mit deinem leeren Geschwätz!“, rief Hakuin aus, während er mit der Hand eine Geste machte, als ob er ein lästiges Insekt vertreiben würde.

Zorn entflammte im Herz des Kriegers. Er konnte die Beleidigungen des Alten nicht auf sich beruhen lassen und zog das Schwert, bereit seine Ehre wiederherzustellen, als Hakuin plötzlich mit sanfter Stimme erwiderte: „Dies ist Hölle.“

Zunächst befremdet, wich der harte Gesichtsausdruck des Samurais. Er empfand tiefe Demut gegenüber der Weisheit Hakuins, steckte das Schwert zurück in die Scheide und kniete vor dem Zen-Meister.

„Und dies ist Himmel“, sagte Hakuin ebenso ruhig.

*Eingangs wurde betont, wie in erster Linie die eigene Erfahrung und das Erleben einen Weg zur Erkenntnis im Zenbuddhismus bieten. Hakuin hat das Wissen, um diese Wahrheit geschickt genutzt, um dem lernbegierigen Samurai seinen Wunsch zu erfüllen, denn er erfährt am eigenen Leib die ansonsten schwer erfassbaren Konzepte von Himmel und Hölle. Für einige Sekunden ist die Hölle in ihm und auch um ihn herum, als blinde Wut und Hass in ihm aufsteigen, und er um Haaresbreite im achtlosen Affekt nach seinen Gefühlen gehandelt und ein Leben genommen hätte. Doch gleich darauf erfährt er, was der Himmel sein kann: ein ehrfurchtsvolles, demütiges Leben im Augenblick, das Wissen über das Wesen der Dinge und um die tiefe Verbundenheit, die er in diesem Moment zu dem Zen-Meister und zu allem Leben empfindet. In dieser Geschichte sind Himmel und Hölle gewissermaßen Geisteshaltungen, die wir gegenüber dem Fluss des Lebens einnehmen, und es obliegt einem jeden selbst, wo er leben möchte.*

*„Ein Jäger, der versucht*
*zwei Hasen gleichzeitig zu*
*fangen, wird am Ende*
*keinen erwischen."*

# Die Jagd auf Wissen

Eine Geschichte über die Hingabe

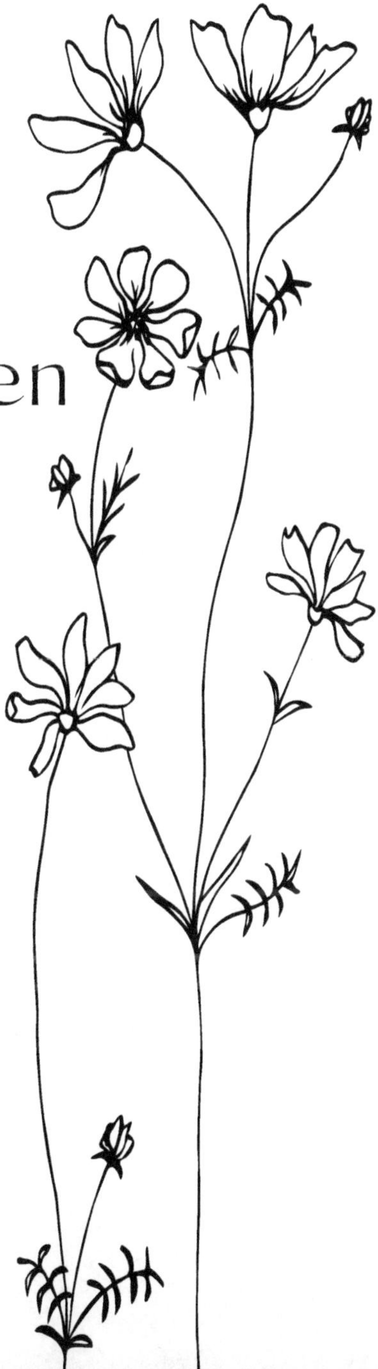

Ein Student der Kampfkunst kam mit einem Anliegen zu seinem Lehrer: „Ich wünsche meine Fähigkeiten in der Kunst des Kampfes zu verbessern. Ich denke, dass ich neben meinem Unterricht bei dir, meinem Meister, auch noch mit einem weiteren Lehrer üben sollte, um einen weiteren Kampfstil zu lernen. Denkst du, dass dies eine gute Idee ist?"

Der Meister antwortete: „Ein Jäger, der versucht zwei Hasen gleichzeitig zu fangen, wird am Ende keinen erwischen."

*Wenn wir Perfektion in etwas erlangen wollen, dann sollten wir mit unserem ganzen Wesen danach streben. Nur ein ungeteilter Geist ist in der Lage etwas komplett zu durchdringen, zu verinnerlichen und zu perfektionieren.*

*Wir leben in einer Zeit, die von dem Dogma geprägt ist, dass es unzählige Aufgaben gleichzeitig zu erledigen gilt. Wir leben in einer Zeit, in der alles leicht verfügbar und vermeintlich schnell erlernbar ist, doch wird dabei außer Acht gelassen, dass die Spanne eines Menschenlebens in der Regel nicht ausreicht, um die Kunst des Lebens zu erlernen, und all die Errungenschaften unserer Zeit ein solches Anliegen ebenso fördern wie hemmen.*

*Ganz gleich, ob wir auf dem rechten Pfad wandeln oder die banalsten Aufgaben des Alltags erledigen: Wenn wir unseren Geist nicht davon abhalten, umherzuschweifen, sich in Zukunft und Vergangenheit zu verfangen, dann handeln wir unachtsam und erfüllen unsere Aufgaben nicht im Rahmen unseres Potentials. Jene, die mit offenem Herzen, klarem Blick und einem ungeteilten Geist durchs Leben gehen, werden auch in der banalsten Tätigkeit Himmel und Unendlichkeit vorfinden.*

*„Wohin meine Beine*
*mich führen“*

# Der Wandel der Dinge

## Eine Geschichte über die Veränderlichkeit

Ein junger Student des Zen war auf dem Weg zum Markt, um Gemüse für sein Kloster zu kaufen. Auf dem Weg begegnete er einem Studenten eines anderen Klosters der Umgebung, den er vom Sehen kannte.

„Wohin gehst du?“, fragte er den anderen Studenten.

„Wohin meine Beine mich führen“, entgegnete der Adept unbekümmert.

Unser Student brütete über die Antwort, die er bekommen hatte. Sicherlich hatte es eine tiefere Bewandtnis mit dieser Aussage. Zurück im Kloster erzählte er seinem Meister von dem Treffen, der ihm daraufhin riet: „Du hättest ihn fragen sollen, was er tun würde, wenn er keine Beine hätte.“

Am nächsten Tag begegnete der Student dem anderen jungen Mann erneut. „Wohin gehst du?“, fragte er ihn und ergänzte dann ohne eine Antwort abzuwarten „Oh, ich weiß. Wohin deine Beine dich führen, nehme ich an.“

„Nein!“, kam die unerwartete Antwort. „Heute folge ich dem Wind.“ Diese Antwort brachte den Studenten wieder aus dem Konzept. Zurück im Kloster berichtete er seinem Meister von dem Vorfall.

„Du hättest ihn fragen sollen, was er tun würde, wenn kein Wind wehen würde“, riet der alte Meister.

Wie es der Zufall wollte, geschah es, dass der Student dem anderen am folgenden Tag erneut in der Nähe des Marktes begegnete.

„Sag mir, was du heute vorhast! Ich nehme an du gehst, wohin deine Beine dich tragen oder wohin der Wind weht. Aber was, wenn …“

„Nichts von dem“, entgegnete der junge Mann mit einem schelmischen Grinsen. „Heute bin ich hier, um Gemüse zu kaufen.“

*Das Wesen aller Dinge ist Veränderlichkeit, alles ist im Wandel. Diese einfachen Aussagen sind die wichtigsten Botschaften und Grundannahmen des Zenbuddhismus. Es scheint eine einfache Lektion zu sein, aber der Verstand allein reicht nicht aus, um sie zu begreifen. Erst auf dem Weg des Zen, in der eigenen Erfahrung und in der Versenkung können wir als stiller Beobachter unserer Seele Wandel und Veränderlichkeit erleben und verstehen.*

*Wann immer wir an etwas festhalten, Anhaftung zu den Dingen aufbauen, ist es nur eine Frage der Zeit, bis sich Leid einstellt. Wenn wir im Frühjahr unser Herz an den Krokus hängen, der sich durch den Schnee an die noch schwache*

*Frühlingssonne kämpft, so blenden wir in unserer Freude aus, dass er bereits bald wieder vergehen wird. Nur wenn wir uns der Veränderlichkeit und Vergänglichkeit allen Lebens bewusst sind, können wir im Frieden leben. Es geht nicht darum „loszulassen“, sondern vorangehend nicht „festzuhalten“.*

*Halten wir unseren Geist flexibel, geschmeidig und stark, um diese Veränderlichkeit, die uns allumfassend umgibt, zu erkennen. Nur wenn wir Gleichmut gegenüber den Geschehnissen aufbringen, können wir Weisheit erlangen. Erst wenn wir diese Lektion verinnerlicht haben, wird es uns gelingen, den Lauf und die Natur der Dinge besser zu verstehen, und wenn wir es schaffen eine wohlwollende Akzeptanz gegenüber dieser Erkenntnis zu hegen, kann uns das zu einer friedvollen Festung inmitten aller Unbeständigkeit machen.*

# Der Sinn eines Wassertropfens

## Eine Geschichte über die kleinen Dinge des Lebens

Ein Zen-Meister beauftragte einen jungen Studenten ihm einen Eimer Wasser zu bringen, um sein Bad abzukühlen.

Der Student brachte den Eimer und als er das Badewasser genügend abgekühlt hatte, schütterte er den Rest über dem Boden aus.

„Gib acht", sagte der Meister zum Studenten. „Mit den Tropfen, die du vergossen hast, hättest du die Pflanzen unseres Tempels gießen können."

In genau diesem Moment erschloss sich dem Studenten das Wesen des Zen. Er änderte seinen Namen zu Tekisui, was „Wassertropfen" bedeutet, und versuchte von nun an mit seinem ganzen Wesen in dem Bestreben zu leben, selbst ein weiser Zen-Meister zu werden.

*Auf unserer inneren Suche sind wir oft so sehr von den großen Fragen und Zielen wie Weisheit, Erleuchtung, Frieden und Glück eingenommen, dass wir vergessen, welche Lehre wir in den gewöhnlichen Momenten und Tätigkeiten des Alltags finden können. Wir streben nach Erleuchtung und Glück in einer ungewissen Zukunft, vernachlässigen aber das achtsame Handeln im Augenblick. Auf dem rechten Pfad kann ein leises Wort, ein schnell verfliegender Gedanke, eine vermeintlich belanglose Tat oder etwas Alltägliches wie diese verschütteten Wassertropfen eine einzigartige und verändernde Bedeutung erlangen. Lassen wir es deshalb nicht zu, dass die komplexen Fragen des Lebens, in die Zukunft gerichtete Ziele, Hoffnungen und Wünsche uns von der Erlösung im Augenblick und jenen Wahrheiten, die wir in unserem Herzen erkennen, wegführen.*

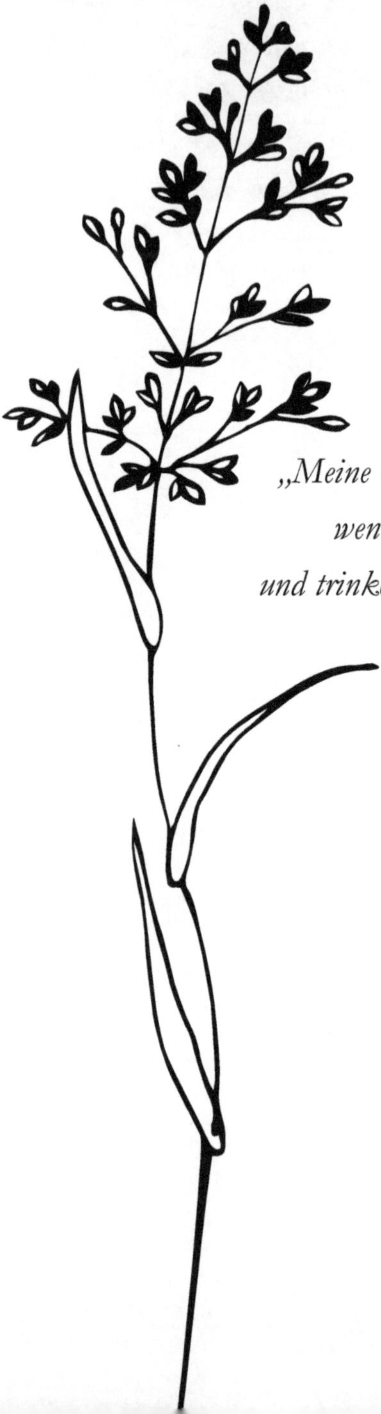

*„Meine Gabe ist, dass ich esse,*
*wenn ich hungrig bin,*
*und trinke, wenn ich durstig bin."*

# Das Wesen des Zen

Eine Geschichte über
Wunder des Lebens

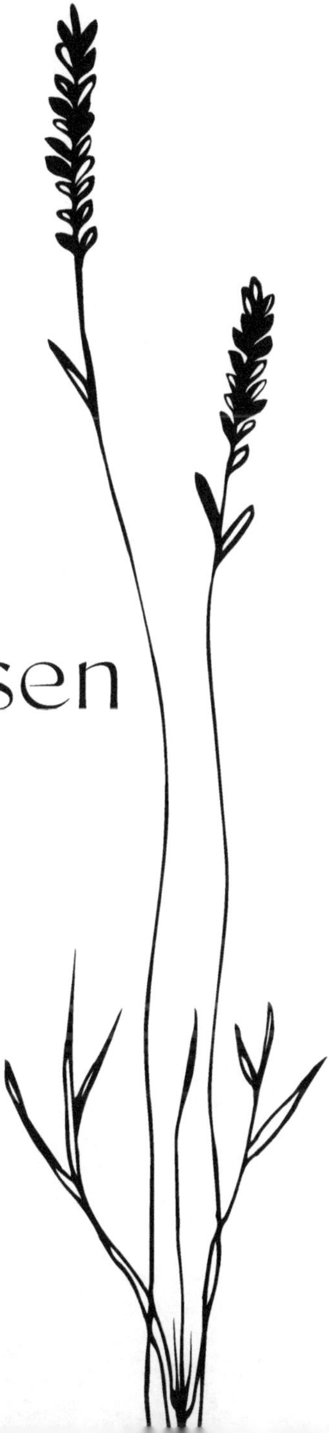

Als Bankei eines Tages an dem Ryumon-Tempel predigte, erwuchs in einem Shinshu-Priester, der an die alleinige Errettung durch die Wiederholung des Namens des Buddhas der Liebe glaubte, große Neid und Missgunst auf die gebannte Zuhörerschaft Bankeis und er versuchte deshalb mit diesem zu debattieren.

Da der Priester hierzu einen solchen Lärm verursachte, hielt Bankei in seinem Vortrag inne und erfragte den Grund der Störung.

„Der Gründer unserer Sekte", prahlte der Priester, „hatte die wundersame Kraft, dass er mit einem Pinsel auf der einen Seite eines Flusses stehen konnte, während sein Diener auf der anderen Uferseite ein Blatt in die Höhe hielt und der Lehrer – den Fluss überwindend – den heiligen Namen des Amitabha auf das Blatt niederschrieb. Vermagst du so etwas zu vollbringen?"

Bankei antwortete leichthin: „Dein Täuscher mag in der Lage sein, einen solchen Trick zu vollführen, aber dies entspricht nicht dem Wesen des Zen. Meine Gabe ist, dass ich esse, wenn ich hungrig bin, und trinke, wenn ich durstig bin."

*Die vom Hochmut des Priesters begründeten Schilderungen lassen eine Tatsache außer Acht, auf die Bankei unbefangen hinweist und dem Verhalten des Störenfriedes gleich mit einer gesunden Prise Spott begegnet. Das Wesen des Zen zeigt sich nicht in solch vermeintlicher Magie, sondern in den kleinen Handlungen des Alltags. Die „Magie" des Zen ist die Kunst des Lebens und bedeutet den eigenen Geist gleich einem klaren Teich mit unbewegter Oberfläche zu halten, so dass wir erkennen, wann wir tatsächlich hungrig oder durstig sind, und uns unser Leben nicht länger von leidschaffenden Illusionen diktieren lassen.*

*„Ich sage Ja."*

# Sag Ja zum Leben!

Eine Geschichte über das Loslassen

Ein Mann zog sich in ein Kloster zurück, um in Stille zu meditieren. Danach fühlte er sich besser, ruhiger und stärker, aber trotzdem schien etwas zu fehlen. Der Lehrer riet, dass er einen der Mönche sprechen könne, bevor er gehe.

Der Mann dachte eine Weile lang nach, bevor er eine einzige Frage an einen Mönch richtete: „Wie findest du Frieden?"

Der Mönch antwortete: „Ich sage Ja. Zu allem, was mir widerfährt, sage ich Ja."

Als der Mann danach heimkehrte, war er erleuchtet.

*Entgegen einer geläufigen Annahme macht es uns keineswegs zu einem Verlierer oder zeugt von schwachem Charakter, wenn wir zu den Dingen und Geschehnissen stets Ja sagen. Das Ja, von dem die Rede ist, ist nicht jene Zustimmung, in welche Menschen sich aus Alternativlosigkeit in Momenten der Schwäche ergeben. Es ist vielmehr ein wohlmeinendes festes Ja, das wir in unserer Rolle als aktiver Beobachter gegenüber dem Leben in Anerkennung aussprechen. Dieses Ja beinhaltet ein Wissen um die Natur der Dinge und die Einsicht, dass ein Nein deren Lauf keineswegs verändern würde.*

*Viel Schmerz und Leid erwächst uns daraus, wenn wir uns gegen das Leben aufbäumen und dessen Lauf nicht akzeptieren wollen oder können. Wenn wir uns jedoch mit dem Leben arrangieren, Ja sagen, ganz gleich, wie es ablaufen mag, dann wird Macht und Wissen die Leere ersetzen, wo vorher Schmerz, Leid und Ratlosigkeit herrschten.*

*Wenn das Wetter nicht unseren Vorstellungen entspricht, wenn eine uns liebe Person uns den Rücken zuwendet, wenn Hindernisse des Alltags schlichtweg unüberwindbar erscheinen, dann sollten wir für einen Moment innehalten, achtsam atmen, Akzeptanz aufbringen und Ja zu der Situation sagen. Es sind diese Akzeptanz und Distanznahme zum Leben, die uns dabei helfen können, jene Situationen in Bezug auf ihre Entstehung und eine Lösung in einem anderen Licht zu sehen. Wir sollten nicht verkrampft, unsere Energie verschwendend mit einem Tunnelblick gegen den Fluss des Lebens anschwimmen, wenn wir uns stattdessen aktiv – in Verbundenheit mit dem Fluss – treiben lassen und wahrlich sehen können.*

*„Wie sehr wünsche ich mir wie dieser zu sein.“*

# Der unglückliche Steinmetz

Eine Geschichte über Neid
und Macht.

Einst lebte ein Steinmetz, der sein Leben als bedeutungslos und unwichtig erachtete und deshalb unglücklich war. Als er eines Tages an dem Haus eines reichen Kaufmanns vorbeikam, war er von dessen Größe und dem stetigen Strom ein- und ausgehender Besucher eingeschüchtert, empfand aber auch Ehrfurcht.

„Er muss ein mächtiger Mann sein“, dachte er, „wie sehr wünsche ich mir wie dieser zu sein.“

Wundersamerweise fand er sich, kaum dass er den Wunsch ausgesprochen hatte, zu eben diesem Kaufmann verwandelt wieder. Auch wenn er nunmehr von einem unvorstellbaren Reichtum umgeben war, sah er sich selbst gleichzeitig auch als Objekt des Hasses und Zielscheibe des Neids all jener, die weniger privilegiert waren als er. Während er dies empfand, kam ein wichtiger Beamter des Weges, der von seiner Dienerschaft in einer Sänfte sitzend in einer großen Prozession getragen wurde.

„Oh, wie mächtig muss dieser Mann sein, ich wünschte ich könnte er sein.“

Auch dieser Wunsch wurde ihm erfüllt und er fand sich über all den Köpfen der Menschen als jener Beamter wieder, der von seiner Dienerschaft getragen wurde. Die Menge um ihn herum beobachtete ihn, wie er vorbeizog, und in den Gesichtern konnte er plötzlich Furcht und Hass erkennen. Der prunkvoll verzierte Stuhl, auf dem er saß, fühlte sich in der Hitze der Sonne auf einmal unangenehm und klebrig an. Während er in den Himmel schaute, dachte er bei sich:

„Wie mächtig die Sonne scheint, ich wünschte …"
Gleich nachdem der Gedanke aufgekommen war, wurde er zur Sonne, die – wie von ihm angenommen – mächtig und brennend vom Himmel schien, aber genau deswegen von Bauern und Landvolk verflucht wurde.

Alsdann schwebte eine riesige, dunkle Wolke vorbei, die die Sonne verdeckte. Es geschah das zu Erwartende. Er wurde die Wolke, dunkel und schwer vom Regen, der Überschwemmungen und dadurch Leid über das Land brachte. Kurz darauf fühlte er eine Urkraft, die ihn fortschob und der er sich nicht zu widersetzen vermochte. Das war der Wind und oh wie mächtig war dieser. Sobald er es wünschte, wurde er zum böigen Wind, der Zerstörung brachte, Dächer abriss, Bäume entwurzelte und Angst und Schrecken wie Staub und Blätter durchs Land trug.

Einige Zeit später traf er auf etwas, das sich seiner Macht widersetzte und sich nicht fortreißen ließ, ganz gleich, wie stark er dagegen wehte. Es war ein riesiger Felsen.

„Oh, wie wäre es wohl, dieser Felsen …“ Und so wurde er dieser Fels: hart, schwer und unverwundbar.

Nach einiger Zeit vernahm er den Klang von Hammer und Meißel. Er spürte, dass seine Form sich veränderte, aber wie war dies möglich? Wer wagte es, seine Macht herauszufordern? Er sah an sich hinunter und entdeckte dort eine kleine Gestalt, einen Steinmetz …

*Im Leben gibt es keine absolute Macht, kein bedingungsloses Glück und kein Licht ohne gleichzeitigen Schatten. Der äußere Schein, dem wir als ungeübter Beobachter so häufig zum Opfer fallen und der uns zu falschen Schlussfolgerungen führt, schafft Leid, wenn wir ihn für die Wirklichkeit halten. Wir müssen aufhören zu vergleichen und uns zu wünschen jemand anderes zu sein, um Freiheit zu erlangen und Frieden in uns finden zu können. Anstatt uns im Vergleich nach außen zu wenden, sollten wir uns dem Weg des Zen folgend nach innen wenden, um den Dämonen des Zweifels und des Wunsches Einhalt zu gebieten. Das Wesen des Wunsches ist immer untrennbar mit dem Zustand der Enttäuschung und Unzufriedenheit verbunden, denn alles ist vergänglich und jede Quelle, von der wir uns Linderung unseres Darbens erhoffen, wird vergehen und uns durstig und enttäuscht zurücklassen.*

*Es mag auf den ersten Blick nicht ersichtlich scheinen, doch ein jeder trägt eine Last durchs Leben, deren Gewicht aus unheilvollen Gefühlen gegenüber Vergangenheit und Zukunft gespeist wird. Auch diejenigen, die wir aufgrund ihrer äußeren Lebensumstände beneiden, sind davor nicht gefeit. Zen kann uns helfen unsere Last zu erkennen und diese nach und nach abzutragen. Gleichzeitig wird auch unser Blick geschärft, um die anderen Personen abseits des äußeren Scheins in ihrer Gänze aus Licht und Schatten wahrzunehmen.*

*„Du wolltest doch nicht sprechen. Hast du das vergessen?“*

# Das Urteil der Stillen

## Eine Geschichte über das Verurteilen

Lange bevor Zen nach Japan gelangte, praktizierten vier enge Freunde als Schüler Meditation.

Sie schworen einander, dass sie für sieben Tage in edler Stille meditieren wollten.

Der erste Tag verging im Schweigen, aber als die Abenddämmerung voranschritt und die Öllampen zu flackern begannen, entfuhr einem Schüler gegenüber einem Diener der ungeduldige Befehl: „Kümmere dich um die Lampen!"

Sein Freund drehte sich deshalb überrascht zu ihm um.

„Du wolltest doch nicht sprechen. Hast du das vergessen?"

Der dritte Freund wandte sich nunmehr den beiden anderen zu: „Ihr Narren! Warum sprecht ihr beide?"

„Ha! Ich bin der Einzige, der die Stille bewahrt!", entfuhr es dem vierten.

*Die Stille entspricht dem edelsten aller Pfade. Es fällt leicht zu bewerten, zu urteilen und andere herabzusetzen, doch ist es unsere Aufgabe vorschnelle Kritik zurückzuhalten und uns vielmehr zu fragen, wie „perfekt" sind wir selbst, wie gut machen wir die Aufgaben, deren Ausführung durch andere uns zu voreiliger Kritik hinreißen lässt? Lassen wir es nicht zu, dass der Wille und das Bedürfnis zu kritisieren und sich selbst zu erhöhen uns aus unserer Achtsamkeit herausreißen. Wenn wir es nicht schaffen unsere Stille edel und rein zu halten, so sollten doch zumindest unsere Wörter mit Bedacht ausgesprochen werden.*

*Zur Zeit jener Studenten aus der Geschichte war Zen noch nicht in Japan und sie mussten ohne die kostbare Lehre auskommen. Sie sprechen von edler Stille, aber sind nicht in der Lage ihre Ich-Sucht zu bezwingen. Sie praktizieren die Meditation, vermögen aber weder einander noch ihrem Diener noch gegenüber ihrer Umwelt Achtung und Gleichmut aufzubringen. Die Worte an sich bedeuten wenig und solange Absicht und Handlung nicht eins werden und solange die Ich-Sucht den Gleichmut übertrifft, befinden wir uns noch in einem Zustand tiefer Verblendung.*

*„Es taucht plötzlich*
*und unkontrolliert auf.“*

# Wut ist mein Begleiter

Eine Geschichte über das Loslassen

Ein Adept des Zen kam zu seinem Lehrer. „Meister, ich habe ein unkontrollierbares Temperament. Kannst du mir helfen es zu überwinden?“

„Hm, das ist merkwürdig. Kannst du es mir zeigen?“, fragte der Meister.

„Im Moment nicht.“

„Warum nicht?“

„Es taucht plötzlich und unkontrolliert auf.“

„Dann kann es nicht Teil deiner wahren Natur sein“, sagte der Meister. „Wenn es der Fall wäre, dann hättest du keine Schwierigkeiten es mir jetzt zu zeigen. Warum erlaubst du etwas, was nicht Teil deiner selbst ist, dich mit Sorge zu erfüllen?“

So erinnerte sich der Adept immer dann an die Worte des Meisters, wenn sein Temperament ungezügelt wurde.

Schon bald lernte er die Wogen der Wut zu kontrollieren und entwickelte ein ruhiges Gemüt.

*Durch unsere Identifikation mit unserer Gefühlswelt machen wir häufig den Fehler, den auch der junge Adept begeht: Wir halten unsere Gefühle für einen Teil unserer selbst und legitimieren dadurch gewissermaßen all die negativen und unheilvollen Gefühle, die uns in unserem Dasein überkommen, und ignorieren die uns umgebende Veränder-*

*lichkeit aller Dinge. Es ist kein einfacher Weg, der unheilvollen Gefühlswelt die Macht, das Diktat über uns zu entziehen und sie nicht nur kurzfristig zu unterdrücken, aber nur dieser steinige Weg führt uns aus der bedrohlichen, finsteren Schlucht jener Gefühlswelt hinaus zu dem Licht von Frieden, Klarheit und tatsächlicher Freiheit.*

*Wie der Adept sich an die Worte seines Meisters erinnert, sollten wir uns in jenen „Momenten des Temperaments" an diese Geschichte erinnern, um einen Augenblick innezuhalten, in uns hineinzuhören und dabei anzuerkennen, dass dort vielleicht Wut sein mag, wir aber nicht diese Wut sind.*

*„Meister, dort ist jemand,*
*der um eine Audienz bittet"*

# Visitenkarte

Eine Geschichte
über Ansehen

In der Stadt Kyoto lebte einst ein großer Zen-Meister namens Keichu. Er war der Vorsteher des großen Tempels der Stadt. Keichu hatte die Gerichtsbarkeit inne und wurde von allen Menschen der Stadt aufgrund seiner scharfsinnigen Wahrnehmungsgabe, Weitsicht und seines ausgeprägten Gerechtigkeitssinnes respektiert und geschätzt.

Als der Beamte Kitagaki Gouverneur Kyotos wurde, entschied er sich Keichu einen Besuch abzustatten, um sich vorzustellen und ihm Respekt zu zollen, denn die Kunde von diesem außergewöhnlichen Mann hatte Kitagaki auch in der Ferne vernommen. Im Tempel angekommen, reichte er seine Visitenkarte einem Bediensteten und fragte nach einer Audienz bei dem Zen-Meister. Der Bedienstete bat Kitagaki sich einen Moment zu gedulden und ging sogleich nach drinnen, um Keichu die Karte zu überreichen.

„Meister, dort ist jemand, der um eine Audienz bittet“, verkündete der Dienstbeflissene.

„Wer ist es?“, fragte Keichu.

Man gab ihm die Karte des Gouverneurs, auf der geschrieben stand: Kitagaki, Gouverneur von Kyoto.

„Ich habe mit diesem Mann nichts zu tun!", entgegnete der Meister ungestüm, als er die Karte voller Ekel fallen ließ. „Sage ihm, dass er sofort gehen soll!", entfuhr es Keichu in schroffem Ton, als er sich dem Diener zuwandte.

Dieser nahm die Visitenkarte wieder auf und ging sogleich in die Halle, in der Kitagaki auf seine Audienz wartete. „Der Meister wünscht euch nicht zu sehen", erstattete er dem Gouverneur Auskunft, als er ihm reuevoll seine Karte zurückgab.

Der Herrscher war bestürzt. Er nahm seine Karte und machte sich auf, um zu gehen, als er in einem klaren Moment die Wörter auf der Karte betrachtete. Nun verstand er seine Torheit plötzlich gänzlich, nahm einen Stift zur Hand und strich etwas auf der Karte durch.

„Dies war mein Fehler", sagte er dem sich bereits entfernenden Diener und gab ihm die Karte erneut. „Hättest du die Freundlichkeit deinem Meister mein Anliegen ein weiteres Mal vorzutragen?"

Der Diener kehrte zu Keichus Gemächern zurück und gab ihm die Karte, auf der nun schlicht „Kitagaki" stand, denn der hohe Beamte hatte die Wörter „Gouverneur von Kyoto" durchgestrichen.

Keichus Augen leuchteten vor Freude auf, als er die Karte las.

„Oh, Kitagaki ist hier? Ja, ich würde ihn sehr gerne sehen. Bitte schicke ihn zu mir“, sagte er dem Diener.

Und so bekam Kitagaki seine Audienz beim Zen-Meister Keichu.

*Zen hat keinerlei Interesse an äußeren Zuständen, Titeln, sozialen Hierarchien und Strukturen, denn sie wissen weder über den Menschen an sich zu berichten noch über seine spirituelle Entwicklung und Geisteshaltung. Im konventionell irdischen Leben ist das Amt eines Gouverneurs ein bemerkenswertes, das dem in der Gesellschaft verhafteten Menschen Respekt abverlangt, aber es ist hinderlich für ein Gespräch auf Augenhöhe und schwer wie Blei für jene, die sich spirituell zu entwickeln wünschen. Deshalb sieht sich der Zen-Meister gezwungen, durch die schroffe Verneinung des Wunsches des Gouverneurs, ihm eine Symbolik entgegenzusetzen, die dieser versteht. Das Verständnis um die Ablehnung durch den Meister ehrt Kitagaki und bestätigt ihm bereits vor der Audienz ein Verständnis über die Natur des Zen.*

*Machen wir uns frei von Titeln und sozialem Stand, Uniformen und Abzeichen, bevor wir anfangen auf dem rechten*

*Pfad des Zen zu wandeln. Es genügt vollkommen, Mensch zu sein.*

*„Kannst du mir sagen, wie
ich zum anderen Ufer
gelange?“*

# Die andere Seite des Flusses

Eine Geschichte über Wahrnehmung

Ein junger Mönch war auf der langen Reise von einem Kloster in sein Heimatdorf, als sein Weg plötzlich an einem breiten, reißenden Fluss endete. Er ging das Ufer ab, auf der Suche nach einer Brücke oder einem Fährmann, konnte aber nirgends eine Möglichkeit entdecken, den Fluss zu überqueren. So stand er dort und grübelte lange, wie er ans andere Ufer gelangen könnte, aber es wollte ihm keine Lösung einfallen. Als er schließlich aufgab und den Rückweg antreten wollte, entdeckte er einen alten Zen-Meister, der drüben auf der anderen Seite des Flusses stand.

Mit lauter Stimme rief er: „Oh Meister, ich bin hier gestrandet. Kannst du mir sagen, wie ich zum anderen Ufer gelange?"

Der ergraute Meister dachte für einige Augenblicke nach, sein Blick wanderte den Fluss hoch und runter. Dann rief er zurück: „Mein lieber Freund, du bist auf der anderen Seite!"

*Wir sind alle Reisende. Manches Mal geschieht unsere Reise im Äußeren, aber Tag für Tag aufs Neue im Inneren. Unsere Lebensreise ist eine stetig wachsende Verkettung eigener Erfahrungen, die uns helfen, unser Verständnis über die Natur der Dinge und der Menschen zu erweitern, und uns damit tiefere Einsichten über uns selbst und das Leben an sich geben. Auch wenn wir im Leben immer wieder Stillstand erfahren, sollten wir unsere innere Reise deshalb nicht geringschätzen. Manchmal neigen wir auf unserer Reise dazu, unseren Geist zu verschließen, mit „Scheuklappen" durchs Leben zu rennen und dabei zu Gunsten des Ziels alles andere auszublenden. Dabei vergessen wir, dass ein jeder Schritt so wichtig ist wie das Ziel, eine jede Erfahrung der Erleuchtung gleichkommt und in jedem von uns bereits das ganze Universum ist. Ganz gleich, wie weit wir uns auf dieser Reise bereits von dem Anfang, dem Bekannten, entfernt haben: Wir sind nie allein und es mag bereits der nächste Schritt sein, der nächste Fluss – den man möglicherweise überqueren mag, vielleicht aber auch vor ihm kehrtmachen muss –, der uns Weisheit lehrt.*

*Die Lektionen sind allgegenwärtig für jene, die sie zu erkennen vermögen, und die Weisheit wird sich von ganz allein in uns mehren und sammeln, solange wir sehenden Auges und mit offenem Herzen durch die Welt wandeln. Dann werden wir erkennen können, wie beide Ufer das gleiche sind und dabei doch verschieden.*

*„Bevor du die Technik meistern kannst,*
*musst du das Wesen von Harmonie verstehen."*

# Der Fluss des Lebens

## Eine Geschichte über Frustration

Seit einigen Jahren war ein junger Schüler nun schon bei einem Meister, um in der Kampfkunst Perfektion zu erlangen und sein Wesen im Sinne des Zen zu formen.

Der Lehrer war bei den Übungsstunden stets ein aufmerksamer Zuschauer und bemerkte eines Tages, dass der Körper und der Geist des Schülers nicht eins waren. Die Gegenwart der anderen Schüler schien den jungen Mann davon abzuhalten, seine Übungen korrekt und nach besten Möglichkeiten auszuführen.

Der Alte konnte die Frustration seines Schülers über seinen Stillstand spüren und so ging er zu ihm, klopfte ihm mitfühlend auf die Schulter und erkundigte sich: „Was ist das Problem?"

„Ich weiß es nicht", antwortete der Schüler niedergeschlagen. „Egal, wie sehr ich mich bemühe, es will mir einfach nicht gelingen die Übungen korrekt auszuführen."

„Bevor du die Technik meistern kannst, musst du das Wesen von Harmonie verstehen. Komm mit mir und ich will es dir erklären", antwortete der Lehrer.

Zusammen verließen sie die Schule, wanderten für einige Zeit in einen Wald, bis sie in dessen Mitte auf einen kleinen Bach trafen. So standen die beiden dort und beobachteten den Bach für einige Minuten in Stille, bis der Alte das Schweigen brach.

„Schau dir den Fluss des Wassers an“, sagte er. „Dort sind Steine in seinem Weg. Fließt das Wasser voller Frustration und Wut auf die Steine zu und versucht sie zu zerschlagen? Das Wasser fließt über sie, um sie herum und führt seinen Weg unbeirrt fort. Sei wie das Wasser und du wirst mit ganzem Wesen verstehen, was Harmonie ist.“

Der junge Mann nahm sich die Lektion seines Lehrers zu Herzen. Bald schon nahm er die Studenten um sich herum kaum noch wahr und nichts stand ihm im Weg, während er die Übungen perfekt ausführte.

*In unserem Leben werden wir immer wieder mit jener Frustration konfrontiert, die auch der junge Schüler empfindet und die an manchen Tagen, gleich einem unüberwindbaren Hindernis, aus dem Nichts vor uns auftaucht. Frustration ist Treibsand, der uns immer tiefer sinken lässt, umso unkontrollierter wir um uns schlagen. Der Lehrer erkennt in seiner Weitsicht jenen Nebel, der die Perspektive und die Praxis seines Schülers behindert, und weiß um die richtige Erfahrung und Lektion, die die Klarheit zu bringen vermag: In jenen Momenten der Stagnation und der Frustration ist es wichtig zurückzutreten, aufzuhören auf die Felsblöcke, die den Weg versperren, blind einzuschlagen oder uns durch unachtsame Bewegungen immer tiefer in den Treibsand zu ziehen, bevor wir uns der Übung erneut zuwenden. Seien wir wie das Wasser, beseelt vom Wissen um Harmonie und Veränderlichkeit und erfüllt von Eleganz und Mühelosigkeit, mit denen wir den Hindernissen unseres Lebens begegnen.*

*Erinnern wir uns an das Gefühl, das wir das erste Mal hatten, als wir eine Tätigkeit versucht haben; an den Anfängergeist, der uns in diesem Moment der großen Achtsamkeit beseelt hat. In diesem ursprünglichen und grenzenlosen Zustand werden wir jene Reinheit und Wahrhaftigkeit finden, derer es bedarf, um den Beschränkungen von Routine, Stagnation und Unachtsamkeit entgegenzuwirken.*

# Der perfekte Kreis

Eine Geschichte über Lebensziele

Wenn wir uns das Leben wie einen Kreis vorstellen, eine Linie ohne Anfang oder Ende, dann können wir lernen, unseren Fokus vom „endgültigen Ziel“ am Ende des Weges hin zu der sanften Krümmung des gegenwärtigen Moments zu lenken.

Eines Tages spielte ein kleiner Junge in der Nähe eines Flusses, als er dort einen alten Mann mit einem langen Bart im Sand sitzen sah. Der Junge kam näher und beobachtete den Alten, wie er einen perfekten Kreis in den Sand zeichnete.

„He Alter, wie schaffst du es solche perfekten Kreise zu zeichnen?“, fragte der Junge ihn voller Erstaunen.

Der alte Mann sah den Jungen an und entgegnete: „Ich weiß es nicht. Ich habe es probiert und dann immer wieder probiert. Hier, probiere du es auch.“

Der Alte gab dem Jungen seinen Stock, stand auf und ging seines Weges. So begann der Junge nun Kreise in den Sand zu malen. Zuerst waren sie zu langgezogen, die Linienführung war unordentlich oder das Ende schloss manches Mal nicht an den Anfang an. Jedoch versuchte er es stets aufs Neue und eines hellen, schönen Morgens zeichnete er tatsächlich den perfekten Kreis.

In dem Moment, als er den Kreis geschlossen hatte, vernahm er eine Stimme hinter sich: „He, Alter, wie schaffst du es solche perfekten Kreise zu zeichnen?"

*Diese kluge Zen-Geschichte stellt den Kreis in das Zentrum ihrer Lehre: zum einen als Form und Symbol, das für Perfektion und Vollkommenheit steht, die man durch die Notwendigkeit der fortdauernden Übung und Praxis erreichen kann. Zum anderen steht der Kreis in der Geschichte ebenso für den Kreislauf des Lebens, der mit einem kleinen Jungen am Flussufer beginnt und ebenso mit ihm endet.*

*Es ist eine gängige Auffassung, Erfolg als symbolisches Ziel zu sehen, das auf einem langen, steinigen, aber doch geraden Weg in weiter Ferne vor uns liegt. Wir befinden uns gewöhnlich am Anfang dieses Weges, sehen den Erfolg schemenhaft am Horizont. Er ist so weit weg, dass wir ihn kaum erahnen können, aber er bestimmt doch den Lauf unseres Lebensweges. In dieser Auffassung und Geisteshaltung sind die Ziele unseres Lebens einschüchternd und irritierend. Während der Fokus auf dem Horizont liegt, mag es uns erscheinen, als ob wir unserem Ziel augenscheinlich nicht näherkommen. Das Ziel wird zu einer fixen Idee und während wir beginnen uns in dieser Illusion einzurichten, verlieren wir den Fokus im Moment jene Praxis auszuüben, die uns mit Liebe, Freund-*

*lichkeit und Weisheit erfüllt und tatsächlich in der Lage wäre, uns dem Ziel näherzubringen.*

*Wenn es uns jedoch gelingt, eine wohlwollende Auffassung zu hegen, in dem der Lebensweg sich als Kreis darstellt, wir unsere Wahrnehmung nicht vom großen Ziel am Ende des Horizonts einnehmen lassen und uns stattdessen mit Achtsamkeit auf die winzige Krümmung des Weges vor uns zuwenden, dann werden wir es schaffen jeden Schritt in Gegenwärtigkeit zu gehen und der großen Reise ihren Schrecken zu nehmen, bis sich die beiden Linien eines Tages wieder unerwarteterweise berühren*

# Der traurige Krieger

Eine Geschichte über das Vergleichen

Ein edler Krieger kam zum Zen-Tempel mit der Hoffnung, dort Frieden zu finden. Als er den Meister des Tempels in tiefer, ruhiger, friedenausstrahlender Meditation versunken vorfand, überkam ihn eine tiefe Trauer. Auch wenn er wusste, dass er sein Leben lang tapfer für Gerechtigkeit gekämpft hatte, befürchtete er doch, dass er niemals die Anmut besitzen würde, die der Alte in seiner Einfachheit und Würde zu seinen Füßen verkörperte.

„Warum fühle ich mich so minderwertig?", fragte der Krieger. „Ich weiß, dass ich stets mit Ehre kämpfte, die Schwachen beschützte und es nichts gibt, dessen ich mich schämen müsste. Doch wenn ich dich hier und jetzt beobachte, fühlt es sich an, als ob mein Leben keinerlei Wichtigkeit hätte."

„Warte ein wenig!", sagte der Meister mit der Andeutung eines gütigen Lächelns. „Ich werde zu dir sprechen, nachdem ich mich um die anderen Besucher gekümmert habe."

Der Krieger setzte sich unter einen Baum des Gartens, während Ströme an Besuchern den Tempel betraten und ein jeder von ihnen sich mit einem warmen, zarten Lächeln vom sanftmütigen Zen-Meister abwandte. Seine Beobachtungen ließen die

Wellen der Trauer sich über das ganze Wesen des Kriegers ausbreiten und er versank gänzlich in dem schwarzen Ozean.

Als die Nacht dämmerte und der Strom an Besuchern versiegte, fragte der Krieger den Meister mit schwacher, bekümmerter Stimme: „Kannst du mich nun lehren?"

Der Meister nickte und sie gingen zu einem der hinteren Räume des Tempels, in dem der Mond durch ein großes Fenster hineinschien und alles in ein blasses, weißes Licht hüllte.

„Siehst du, wie wunderschön der Mond ist?", fragte der Meister. „Er wird den Himmel abschreiten, aber schließlich Platz für die Sonne machen. Die Sonne ist viel heller und stärker. Sie erleuchtet alles ihr Ergebene – Berge, Wälder und Wolken – in einer Art und Weise, die dem Mond verwehrt bleibt. Trotzdem habe ich niemals jene Klage vom Mond vernommen: ‚Bin ich minderwertig, weil ich nicht wie meine Schwester, die Sonne, scheine'?"

„Natürlich nicht", entgegnete der Krieger. „Sonne und Mond sind unterschiedlich und sie beide haben ihre eigene Schönheit. Sie lassen sich nicht miteinander vergleichen."

„Also weißt du deine Antwort. Wir beide sind unterschiedlich, bestreiten unsere eigenen Kämpfe in einer Art, die unserem Glauben entspricht, und glauben fest daran, dass unsere Kämpfe die Welt zu einem besseren Ort machen können. Das ist es, was zählt. Der Rest ist nur Schein."

*Wir müssen aufhören unsere Verschiedenheit zu beklagen. Besser und schlechter, normal und anders sind von unserem Verstand erschaffene Konzepte und sie gleichen von uns selbst erschaffenen gläsernen Decken, an denen wir uns immer wieder mutwillig den Kopf stoßen. Für unsere Freiheit und unser Wohlbefinden ist es unabdinglich, die oberflächliche Unterschiedlichkeit allen Seins zu akzeptieren. Ein Selbstwertgefühl, das dies nicht einbezieht und in Abhängigkeit von anderen Menschen steht, wird immer ein unsicheres sein.*

*An manchen Tagen mag jener Weltschmerz, dem auch der stolze Samurai zum Opfer fällt, unendlich schwer und erdrückend erscheinen, doch sind es unser Geist und unser Denken, die ihm sein Gewicht verleihen. Lassen wir es nicht zu, dass jene Wellen der Trauer, die Tide unserer Gefühlswelt uns ersticken. Beobachten wir mit offenen Augen und Herzen jene Andersartigkeit, die uns so oft Kummer bereitet, und erkennen wir in ihr den göttlichen Glanz, der allem Leben inne ist. Es gibt unendlich viele Wege, die alle in unterschiedliche Richtungen zu führen scheinen, doch solange wir unserem Glauben und unseren Vorstellungen entsprechend handeln, führen sie doch alle ans gleiche Ziel.*

*„Unzählige Meilen habe ich zurückgelegt, um hierher zu gelangen. Ich bin hier, um den heiligen Alten zu sehen“*

# Der heilige alte Mann

## Eine Geschichte über Vorurteile

Die Kunde von einem alten, weisen Mann zog durchs Land, der in einem Haus auf dem Gipfel eines Berges leben sollte. Ein junger Mann aus einem Dorf entschied sich die beschwerliche Reise anzutreten, um den Heiligen zu besuchen.

Als er nach langer, entbehrungsreicher Reise schließlich an dem Haus ankam, öffnete ihm ein alter Diener die Tür und begrüßte den Pilger.

„Unzählige Meilen habe ich zurückgelegt, um hierher zu gelangen. Ich bin hier, um den heiligen Alten zu sehen“, sagte der junge Mann.

Der Diener lächelte ihn wissend an und führte ihn in das Innere des Hauses. Während sie das Haus durchschritten, spähte der Pilger in jeden Raum, neugierig und von der Erwartung beseelt, dass in einem von ihnen jener sagenumwobene Weise auf ihn warten würde. Bald schon hatten sie das komplette Haus durchschritten und Diener und Pilger standen erneut vor der Haustür.

„Aber ich wollte doch den Heiligen sehen“, machte der junge Mann seiner Verwunderung Luft.

„Das hast du schon“, sagte der alte Diener. „Ein jeder, dem du im Leben begegnen wirst, ganz gleich wie gewöhnlich er dir erscheinen mag; erkenne in ihnen allen auch den Weisen, Heiligen, der in ihnen lebt. Wenn dir das gelingt, dann wird sich das Problem, was dich hierhergeführt hat, von alleine lösen."

*Dieses Zen-Lehrstück zeigt eindrücklich auf, dass die schwierigsten Hindernisse unseres Lebens in uns entstehen und nicht selten von selbst aufgeschüttet werden. In der Geschichte nimmt der junge Pilger eine lange, gefährliche und entbehrungsreiche Reise auf sich, von nichts geführt als von einem Gerücht und einer Idee. All diese kräftezehrenden Strapazen nimmt er auf sich, aber er versucht nicht sein eigenes Ego zu überwinden.*

*Die Natur unserer Suche bedingt stets das, was wir finden werden, und so kommt es, dass er, der den heiligen Mann, den Schatz nur am Ende des langen Berggrats zu finden hofft, aber blind für all das Heilige, für all die Goldmünzen und Edelsteine ist, die auf den Pfaden seiner Wanderung im Staube des Weges gelegen haben mögen und an denen er in seiner Engstirnigkeit vorbeigeschritten ist. Wenn wir es schaffen, das Heilige in unserem Gegenüber zu entdecken – ganz gleich wie schlicht und gewöhnlich er erscheinen mag –, dann werden wir voller Demut erkennen können, wie jener heilige Schimmer auch auf unserem Antlitz leuchtet.*

*„Mein ganzes Leben habe ich nichts anderes gemacht, als Tee zuzubereiten.“*

# Der Teemeister

Eine Geschichte über Perfektion

Auf einem Berg lebte einst ein berühmter Teemeister. Seine Fähigkeiten waren in seiner Kunst unübertroffen und viele Neugierige kamen von weit her, um bei ihm Platz zu nehmen seinen Tee zu trinken.

Eines Tages verbrannte ein ungeduldiger, stürmischer Samurai seine Zunge an dem gerade frisch aufgebrühten, grünen Tee des Meisters. Hitzköpfig und voller Wut forderte er den Meister zu einem Duell.

Als der Krieger sein Schwert zog, wandte sich der Meister an seinen jungen Gehilfen.

„Mein ganzes Leben habe ich nichts anderes gemacht, als Tee zuzubereiten. Dieses Duell ist mein sicherer Tod. Das Teehaus soll von nun an deins sein, mein Schüler."

Der Student brach in Tränen aus.

„Nein, Meister, nimm mein Schwert. Stelle dich dem Samurai und hebe dieses Schwert so, wie du auch den Teekessel hebst."

Um seinem Schüler die Angst zu nehmen, willigte der Meister ein und ging langsamen Schrittes auf die Wiese vor dem Haus, wo der Samurai sogleich zum Angriff stürmte.

Sich seinem Schicksal hingebend, schloss der Meister der Teezeremonie seine Augen und hob mit einer ruhigen, festen Bewegung sein Schwert. In dieser Bewegung lag die gleiche Anmut, Selbstsicherheit und Kunstfertigkeit, die seine Bewegungen auch während der Teezeremonie ausstrahlten.

Als der Samurai dieses Geschick und diese Ruhe im Angesicht des drohenden Todes sah, brach er in Panik aus und dachte: „Dieser alte Mann muss wahrlich ein großer Schwertkämpfer sein."

So floh der Samurai und kam nie wieder.

*Diese Zen-Geschichte hat die Botschaft inne, wie wichtig es ist, sich mit seinem ganzen Wesen einer Tätigkeit zuzuwenden. Meisterschaft in einer Kunst zu erlangen ist dem Durchschnitt in vielen Tätigkeiten – was in unserer Zeit gewissermaßen als Norm gilt – vorzuziehen und so sollten wir mit all unserem Sein und nach bestem Willen danach streben in jener einen Kunst, die Abbild unseres Wesens ist, Perfektion zu erlangen. Perfektion bedeutet sein innerstes Wesen zum Ausdruck zu bringen. Auf dem Weg zur Perfektion liegen viele Lektionen und Errungenschaften, die der kurze Weg zur Durchschnittlichkeit seinem Schüler nicht bietet. Diese Eigenschaften, wie Aufopferungsbereitschaft, Glaube an sich Selbst und seine Fähigkeiten, Disziplin, vollkommene Kon-*

*zentration und die Überwindung des Egos, werden uns auch in anderen Lebensbereichen dienlich sein. Schließlich sind sie mächtig genug, dass ein Meister der Teezeremonie in der Lage ist, einen Samurai das Fürchten zu lehren.*

# Mandelun GmbH

*Bücher für jedermann.*

---

Wir hoffen, dir hat unser Buch gefallen! Wir freuen uns immer über jedes Feedback, das wir bekommen können, um unser Buch zu verbessern!

Wir geben unser Bestes, dass jedes einzelne Buch die höchste Qualität vorweist. Es kann jedoch nicht ausgeschlossen werden, dass trotzdem mal ein Buch nicht unseren Qualitätsstandards entspricht. In diesem Fall kannst du dich gerne bei uns melden, wir senden dir ein neues Exemplar zu!

Schreib uns einfach eine Email an:

*mandelungmbh@gmail.com*

Oder scannen Sie den QR-Code:

Printed in Poland
by Amazon Fulfillment
Poland Sp. z o.o., Wrocław

94349068R00077